Made in the USA
Monee, IL
15 September 2023

42789590R00061